Veronika Ulrich

# Ein Leben lang

# Veronika Ulrich

# Ein Leben lang

## Erinnerungen an meine Mutter

### Gedichte

Bibliografische Informationen der Deutschen Nationalbibliothek:
Die Deutsche Nationalbibliothek verzeichnet diese Publikation
in der Deutschen Nationalbibliografie; detaillierte bibliografische
Daten sind im Internet über dnb.dnb.de abrufbar.

Herstellung und Verlag: BoD - Books on Demand, Norderstedt
Satz und Layout: Veronika und Werner Ulrich, Ostrhauderfehn

ISBN: 9 783756 244720

Meine Mutter und ich im Jahr 2013

# Erinnerungen an meine Mutter

Mein Name ist Veronika Ulrich, ich bin Jahrgang 1949, male,
zeichne und bin an vielem mehr interessiert.
Alle Bilder und Fotografien sind von mir gemalt und foto-
grafiert worden.
Diese Buch ist meiner Mutter gewidmet, die ich fast 4 Jahre
gepflegt habe. Meine Mutter hat bis 2007 Gedichte
geschrieben, dann wurde sie blind.

Im Jahr 2015 ist meine Mutter leider verstorben. Sie war eine
gläubige, aber auch sehr humorvolle Frau und das sieht man
auch in Ihren Gedichten.

Ich habe die Gedichte alle gesammelt und diese möchte ich
Ihnen hier gerne vorstellen.
Ich erinnere mich sehr gerne an die schöne und nicht immer
einfache Zeit, die ich mit ihr intensiv verbracht habe.

Die Gedicht sind nicht sortiert. So wie meine Mutter sie
geschrieben hat, habe ich sie in diesem Buch auch
übernommen.

Jetzt wünsche ich Ihnen viel Spaß beim Lesen.

Ach ja, meine Mutter hat keinerlei Überschriften für Ihre
Gedichte geschrieben und ich habe auch dies so
übernommen, wenn es vielleicht auch schöner aussehen
würde.

Als Gott, es klingt wie Märchen
die Seelen schuf in seinem Reich,
da war es stets ein Pärchen
in Lieb' und Wesen gleich.

Wie schön es hätte werden können,
gäb es den Bösen nicht.
Doch dort, wie jetzt auf Erden,
trieb es der Bösewicht.

Er kann nun mal nicht sehen,
wenn Seelen glücklich sind.
Mit List ließ er verwehen sie hinaus in alle Wind.
Nun suchen sich die Paare, ein Sehnen treibt sie um
schon viele ewige Jahre, sie wissen nicht warum.

Doch findet sich ein Pärchen, wie Gott es werden ließ
so haben sie auf Erden,
schon jetzt ihr kleines Paradies.

Wenn alles eben käme, wie du gewollt es hast,
und Gott dir gar nichts nähme und geb dir keine Last.
Wie wär es mit dem Sterben, du Menschenkind bestellt?
Du müsstest fast verderben, so lieb wär dir die Welt.
Drum sei auch stets zufrieden, mit dem was Gott uns gibt.
Es dient uns stets zum Segen, weil er uns herzlich liebt.


Es sprach der Lehrer in der Schul'
nun sitzt mal still auf Eurem Stuhl
hört einmal her und spitzt das Ohr
wie stellt Ihr Euch den Himmel vor?
Da meldete sich der kleine Klaus,
„Ich denke, wie bei uns zu Haus".

Ein junger Mann auf der Wanderschaft
hatte sein Tagespensum fast geschafft.
Vor ihm lag ein Dörfchen, kein weiter Weg,
doch dazwischen ein Bach ohne Brücke und Steg.

Nachdenklich blieb der junge Mann stehn:
Mit Gottes Hilfe wird es wohl gehn.
„Lieber Gott, hilf mir hinüberzuspringen,
mit einem Opfer will ich Dank Dir bringen."
Doch kaum hatte ein Fuß das Ufer betreten,
dacht er so bei sich: Es ging wohl auch ohne Beten.

Der andere Fuß kam garnicht zum Stehn
und schwupp die wupp mußte er baden gehn.
Langsam stieg er ans Ufer, er war pudelnaß:
„Ach lieber Gott, Du verstehst aber auch keinen Spaß".

Ein Bäuerlein lud in herbstlichen Tagen
einen Wagen voll Rüben, der konnt es kaum tragen.
So zog er.dahin mit letzter Kraft,
nur noch bis zum Graben, dann ist es geschafft.

Er kam zu dem Graben, der Weg ist recht krumm,
da plötzlich kippte der Wagen um.
Er versuchte zu heben, doch das war zu schwer,
kein Mensch war zu sehen, wo kam Hilfe her?

Er fing an zu beten, lieber Gott jetzt hilf Du,
schick Engel von oben, dann klappt es im Nu.
Im kindlichen Glauben versucht er sein Heil
und packte das hintere Wagenteil.

Nun hob sich der Wagen, es gab einen Ruck,
doch von hinten gab es jetzt zu viel Druck.
Das Bäuerlein schrie: Du hilfst lieber Gott das macht Freude,
aber bitte nicht alles auf einer Seite.

Sag mir, wie stellst Du Gott Dir vor,
wie ein alter Mann mit Bart, klang es im Chor,
„Mit gütigem Lächeln und weißem Haar
das weiß doch jeder, das ist doch klar".

So wird er auf Bildern dargestellt,
und sehr viele wissen das in dieser Welt.
Doch das es nicht stimmt kann man daran seh'n,
wie könnte er sonst alle Menschen versteh'n.

Er ist jung und alt auch zugleich,
ohne Grenzen der Zeit, das ist sein Bereich.
Da ist gestern und heute und morgen
alles in einem geborgen.

Er ist im Kleinsten und Größten zugleich
nur das Gute, die Liebe, das ist sein Reich
Sein Aussehen beschreiben, das kann drum nicht sein
dazu ist unser Verstand viel zu klein.

Als Kind mußt ich verlassen,
wo meine Wiege stand,
ich ging durch fremde Gassen kam in ein fremdes Land.
Kein Vater, keine Mutter waren für mich da;
noch konnt' ich nicht fassen, was da mit mir geschah.
Man hatte mir genommen was für ein Kinderherz
die Lieb' der Mutterhände, die tröstend heilt den Schmerz.

Das Leben es ging weiter, ich wurde langsam groß,
doch diese leise Sehnsucht, die wurd' ich niemals los.
Nicht Häuser oder Länder machen Heimat aus,
nur dort, wo deine Lieben sind,
da bist du auch zu haus.


Nicht alle Menschen fröhlich sind,
die fröhlich scheinen,
ich habe oft gelacht, um nicht zu weinen.
Nun ja, das ist ein schöner Spruch,
ich hab, ihn oft gelesen,
doch Trost bringt er mir nicht genug,
drum will ich ihn vergessen.
Denn hätte ich es so gemacht,
ich hätte mich beinah totgelacht.

14

Alt wird heute keine Frau,
nicht mehr weiß und nicht mehr grau.
Denn mit Liften und Mixturen
verschwinden alle Spuren.
Und mit achtzig oh herr je,
sieht sie aus wie die Monroe.
Jedoch die Altersfalten,
die muss auch sie behalten.


Spricht jemand schlecht von Dir,
es sei ihm erlaubt,
doch lebe immer so,
das es keiner ihm glaubt.


Reimen das sind nur Wortspiele, dichten Poesie,
Reimen können sehr viele,
dichten nur das Genie.

Ein jeder Mensch bekommt sein Kreuz
Und muss es tragen,
da hilft kein aufbegehrend Klagen,
ein Gotteskind voll Demut nimmt es hin;
es weiß, was Gott ihm auferlegt, hat seinen Sinn.
Doch wenn Du glaubst, es könnt nicht sein,
da fiel mir eine Geschichte ein.

Eine Frau die hatte einen Mann,
voll Freude kam ein Söhnchen an.
Die Freude wäre auch vollkommen,
hätt' der Tod ihr nicht den Mann genommen.
Wie war sie traurig und betrübt,
voll Inbrunst sie den Sohn nun liebt.
Doch eines Tages, welch ein Leid,
ging er auch in die Ewigkeit.

Im Schmerz schrie sie: „Mein Gott, warum?"
Er hörte sie und blieb nicht stumm.
Im Traum konnt' sie nun alles seh'n,
was wäre mit ihrem Sohn gescheh'n,
Wär' er auf dieser Welt geblieben,
er hätt' es wahrlich schlimm getrieben.

Als Dieb und Mörder musst sie ihn sehen;
allein und in Schmach musst sie nun gehen.
Da ist sie endlich  aufgewacht,
hat dem Herrn gedankt für diese Nacht.

Und dankbar fing den Tag sie an,
was Gott tut, das ist wohlgetan.

Was ist nah und was ist fern,
das eine ist die Erde, das andere ein Stern.
Das weiß wohl jeder, es ist leicht zu versteh'n,
doch soweit von der Erde brauchen wir nicht geh'n.

Wie wär es zum Beispiel bei uns allen zuhaus'
wir würden da staunen, wie siehts da oft aus:
Schon beim Frühstück hat meistens die Mutter das Wort,
der Vater ist mit den Gedanken weit fort.

Er hört gar nicht hin, was sie eifrig erzählt,
sie ist dann verdutzt, wenn sie keine Antwort erhält.
Er ist bei der Arbeit, im Geiste ganz weg,
ihn davon zu lösen hat gar keinen Zweck.

Man kann ja verstehen, das Leben ist oft schwer,
wäre er nicht tüchtig, wo kämen die Finanzen sonst her?
Das ist nur das eine, das in der Familie geschieht,
doch gibt's viele Dinge, die man gar nicht mehr sieht.

Man ist daran gewöhnt, die Ehe ist leer,
sie leben nicht mehr mit, sondern nebeneinander her.
Da sieht man: Die Mutter ist nah, der Vater ist fern,
was braucht es da einen Vergleich
mit der Erde und dem Stern.

Mein Bruder daheim hatte viel Humor,
wenn er was erzählte, waren wir ganz Ohr.
Es gab dabei immer was zum Lachen,
er erzählte uns oft die tollsten Sachen.

Vor dem Krieg war die Geschichte passiert,
er war bei den Soldaten, jetzt wurde pariert.
Doch bei meinem Bruder konnte das nicht sein,
ihm fiel immer wieder eine Dummheit ein.

Beim Morgenappell auf dem Kasernenhof,
da fand einer das Stillsteh'n mal wieder doof.
Er flüsterte leise einen Witz,
der war wohl sehr lustig und schlug ein wie der Blitz.

Mein Bruder war der Nebenmann
und fing ungewollt zu Lachen an.
Lachen im Glied ,das durfte nicht sein,
er fing sich auch gleich eine Strafe ein.

Der Spieß war für seltsame Strafen bekannt,
was er da verlangte, war allerhand.
Mein Bruder sollte wie eine Schmeißfliege summen und singen

Und beide Arme hoch und runter schwingen.
Viermal laufen um den Kasernenhof,
na klar das fand mein Bruder jetzt wirklich doof.

Ein Stück lief mein Bruder, dann blieb er stehn,
der Spieß brüllte: „Was ist nun wieder gescheh'n?"
Mein Bruder gab zur Antwort: „Ich kann nicht länger,
ich klebe an dem Fliegenfänger".

Die Geschichte hat in der Kaserne die Runde gemacht,
die ganze Kompanie hat darüber herzlich gelacht.
Mein Bruder hatte leider durch diesen Geck
für die Zeit bei den Soldaten seinen Spitznamen weg.

Über ein Glück das Du flüchtig besessen
tröstet die alles heilende Zeit.
Aber die Träume, die unerfüllten,
wann wohl verlässt Dich ihr sehnendes Leid?


Schöne Stunden,
nicht traurig, das sie vergangen,
sondern dankbar, da sie gewesen.


Nun bist Du sechzig Jahre alt,
das Älterwerden lässt Dich kalt
drum lebe froh und heiter
noch vierzig Jahre weiter.


Zwischen Reimen und Dichten ist ein Unterschied,
wie zwischen der Arie aus der Oper
und dem kleinen Lied.

Ein Sohn ist in die Fremde gezogen,
das Fernweh hat ihn dazu bewogen.
An seine Mutter hat er nicht gedacht,
die bisher über sein Leben gewacht.
Nur fort in die Ferne und etwas erleben,
das andere wird sich von selber geben.

Zunächst kamen Briefe, und dann nur noch Karten,
doch dann mußte sein Mütterlein warten.
Die Jahre vergingen, die Mutter ward grau,
jetzt war sie schon eine alte Frau.
Jeden Abend deckt sie den Tisch für ihn mit,
und horcht voller Hoffnung auf seinen Schritt.

Ihr Nachbar fragt oft und macht ihr auch Mut
„Pass auf, es wird alles wieder gut".
Eines Tages schaut der Nachbar verwundert hinüber,
das Mütterlein wäscht und singt frohe Lieder.
„Ist er denn gekommen, du blühst richtig auf,
es wäre doch schön, du wartest schon lange darauf".
„Gekommen, oh nein" doch schaut sie beglückt:
„Er hat seine schmutzige Wäsche geschickt".

Der Nachbar verstehts nicht und hat nur gelacht,
die Mutter ist glücklich, er hat ihrer gedacht.

Mein Kühlschrank ist gähnend leer
und das aus guten Grund.
Ich esse nebenbei nichts mehr, denn ich bin viel zu rund.
Vor Jahren war ich gertenschlank,
doch ich muss es gestehen,
das übermäßige Essen ließ mich in die Breite geh'n.

Für jeden Seelenschmerz fand ich stets einen Grund,
ich musste essen, für mich ganz ungesund.
Vor meinem Kühlschrank stand ich
dann zufrieden und beglückt,
und fing gleich mit dem Essen an,
er war stets gut bestückt.

Doch als ich dann zwei Zentner wog,
war Schluss mit dem Geschmaus
und mit entschlossenem Gesicht
räumt' ich den Kühlschrank aus.
Nun kaufe ich mir jeden Tag nur was ich wirklich brauch',
ich esse trotzdem was ich mag und satt, das werd ich auch.

Nur zwischendurch, da gibt's nichts mehr,
bleib eisern ich und hart,
der Kühlschrank der bleibt weiter leer
und obendrein wird g'spart.

Wenn Mutti und Papa zur Arbeit geh'n,
muss Oma stets das Haus verseh'n,
Zwar ist's nicht viel, was sie schafft im Haus:
Den Hund Gassi führ'n und kochen für Klaus.
Sie tut das sehr gerne, denn Kläuschen ist brav,
der einzige Kummer ist mittags der Schlaf.

Da muss sie erzählen von Prinzen und Grafen
und trotzdem wird's selten etwas mit Schlafen.
Auch heute ist's schwierig, sie streichelt, er zwickt,
erschrocken schaut Oma, sie war selbst eingenickt.
Aus ist's mit dem Schlaf, jetzt versucht sie's mit Singen,
ach könnt sie ihn endlich zur Ruh bringen.

Und wirklich: wird er jetzt stillehalten?
Mit Andacht zählt er jetzt Omas Falten,
bezupft Omas Warze, findet ihre Hände zu kalt,
woher das wohl komme? Oma sagt sie wäre halt alt.
Mit skeptischen Blick zieht die Stirne er kraus:
Ach Oma, ich finde Du siehst noch ganz neu aus.

So viele Jahre sah ich im Geist vergeh'n,
die Zeit eilt schnell, so manches ist gescheh'n
hat sich's gelohnt, wer weiß das schon genau,
man war doch erst Kind und jetzt schon alt und grau.

Ein jeder war bemüht, sein Bestes stets zu geben,
mal gab es Freud', es gab auch Leid, so ist das Leben.
Das denkt man und nimmt alles sehr schwer.
Wo nehmen andere ihren Mut nur her.

Bei manchen muss es nicht so sein,
sie leben in den Tag hinein.
und finden alles wunderschön
so könnt es immer weiter geh'n.

Das hört sich wie Bruder Leichtfuß an,
doch Vorsicht im Urteil, es anders sein kann.
Der erste nimmt das Leben zu schwer und nicht leicht,
Der zweite hat mit Frohsinn viel mehr erreicht.

Er ist auch kein Leichtfuß, es sieht nur so aus
denn oft ist bei ihm Hunger und Armut zuhaus.
Sein Wesen ist anders, auch so was soll's geben,
jedoch nur ein Wörtchen unterscheidet ihr Leben.

Sie haben's gemeinsam, das kleine Wörtchen „ist".
Der eine ist ein Pessi-, der andere ein Optimist.

Ein Mann hat zwei Söhne von besonderer Art,
der eine war hilfreich, der andere hart.
Gab ihnen das Erbteil, für beide ganz gleich,
der eine wurde arm, der and're steinreich.

Der eine nahm Waisen und Kranke ins Haus,
ein Hungriger ging stets gesättigt hinaus.
Er verbrauchte sein Erbteil, lebte froh und bescheiden,
er war sehr beliebt, ihn konnt' jeder leiden.

Der Andre dagegen war geizig und hart,
er gönnte sich kaum was und hat nur gespart.
Und kam einmal jemand und bat in der Not,
den schickte er weg und hat ihn bedroht.

So gingen wohl viele Jahre ins Land,
die Brüder wurden als der Arme und der Reiche bekannt.
Als dann des Armen Ende kam,
von vielen Freunden er Abschied nahm.

Beim Reichen da wurden viel Reden geschwungen
eine Kapelle spielte, ein Chor hat gesungen.
Bei all dem Gerede und all diesem Krach,
da weinte kein Mensch eine Träne ihm nach.

Wenn ich nun das Ende der Brüder vergleich',
wer war nun arm und wer war reich?

Jedes Wort, das man so spricht
hat ein anderes Gesicht.
Nimm nur das Wörtchen „Ja" und „Nein",
welches soll das bessere sein.

Wie wichtig sind sie doch im Leben,
durch sie wird Freud und Leid gegeben.
Doch Liebe hat dieselbe Kraft,
wenn man bedenkt, was sie so schafft.

Auch mildert sie uns das Erleben,
sie kann uns Mut und Hoffnung geben.
Der Glaube, richtig angewandt
ist in der ganzen Welt bekannt.

Doch sagst du jetzt „Das glaub ich nicht",
schlägst du der Wahrheit ins Gesicht.
Das Wort sprachst du jetzt so dahin,
doch „und" davor bringt ander'n Sinn.

Setzt man davor auch „aber" oder „klein"
das richtige von allem wird nur der Glaube sein.
Doch ging es jetzt so weiter über's Wort in dem Bericht
jedoch noch viel gescheiter das würden wir da nicht.

Von Glaube, Liebe, Hoffnung berichtet das Gedicht,
allein das Wort „die Liebe" hat das richtige Gesicht.

Das ist gewiss ein armer Mann,
der nachts nicht richtig schlafen kann.
Statt sich nun lang zu quälen,
versucht er es mit zählen.

Doch als er bei Millionen war,
da wurde es ihm auch richtig klar,
das ihm das gar nichts bringe,
er dachte an andere Dinge.

Zum Beispiel leibliche Genüsse,
guten Braten und Gemüse,
dann Kuchen, Torte mit Sahne dabei,
ein Blick auf die Uhr, jetzt ist es schon drei.

Zum Aufstehn sind es noch knapp zwei Stunden,
noch immer hat er keinen Schlaf gefunden.
Nun dreht er und wickelt sich richtig schön ein,
auf einmal weckt ihn der Sonnenschein.

Schon wieder verschlafen, das ist fatal
in diesem Monat das zehnte mal.
Er kommt zur Arbeit fast zur Mittagszeit
begegnet dem Chef, na der hat 'ne Freud.

Der ist ganz schön sauer, man kann es versteh'n,
und Ende des Monats kann der Mann dann geh'n.
Nun schläft er am Tage, die Arbeit ist hin,
da kommt bei der Nacht ihm was Gut's in den Sinn.

Er geht zu 'ner Firma die Nachtwächter sucht,
er stellt sich dort vor und wird gleich gebucht.
Nun schläft er am Tage, bei Nacht er dann wacht,
bis jetzt hat die Arbeit recht gut er gemacht.

Wie seltsam kann das Leben sein,
denkt still ein altes Mütterlein.
Man war doch kürzlich noch ein Kind,
das Leben eilt schnell wie der Wind.

Und schon ist wieder Weihnachtszeit
mit bangem Warten und Kinderfreud.
Ob jeder alles so erhält,
wie er es sich hat vorgestellt?

Wie war es doch zu ihrer Zeit,
sie hatten am geringsten Freud.
Ein Pferdchen vom Vater, geschnitzt aus Holz,
wie war der kleine Bruder stolz.

Für sie hatte Mutter Strümpfe gestrickt,
oben am Rande schön bunt bestickt.
Vielleicht noch ein paar Äpfel dazu,
ein Kinderherz ist glücklich im Nu.

Und gesungen haben sie „Stille Nacht"
und kindlich gläubig ans Christkind gedacht.
Was ist von Bescheidenheit übrig geblieben
und den Worten, du sollst deinen Nächsten lieben?
Die Wünsche nach mehr, nimmt ihnen die Freude
oh ihr armen, armen Leute.

Weihnachten das Fest der Freude,
nicht nur für kleine, auch sonst alle Leute.
als ihr noch klein ward,
war das nicht schwer,
man musste nicht raten, wo nehm' Geschenke ich her?

Ihr hattet wohl Wünsche, doch die waren klein,
es fiel uns immer etwas ein.
Doch Ihr wurdet größer, die Wünsche auch,
man konnte nicht schenken, wie es früher der Brauch.

Ich fand eine Lösung, ich glaub, die war nicht schlecht,
und ich hoffe Ihr gebt mir darin auch recht.
Denn Spielzeug, das braucht ihr gewiss nicht mehr,
jetzt müssen größere Sachen her.

Ihr sollt haben was Euch gefällt,
doch dazu braucht man auch mehr Geld.
Man legt zusammen, wieviel man gedacht,
und schon ist die Sache richtig gemacht.
Dies geschieht nicht aus Bequemlichkeit,
sondern, dass jeder an seinem Geschenk sich freut.

Hurra, geschafft ist das Examen,
von allen Leuten, die heut kamen,
zu feiern diese große Tat,
kam mancher Trost und mancher Rat.

Denn Krankenschwester ist nicht leicht,
doch hat man erst das Ziel erreicht,
ist auch vergessen Müh und Plagen.

Schaffst du das auch? Hört ich oft fragen.
Die Angst, zu geben erste Spritzen,
zu trösten beim Narkosesitzen.
Dann waschen, betten, trockenlegen,
musst' fleißig man die Hände regen.

Ein kleines Lächeln war oft Lohn,
da bleibt man gern auf der Station.
Doch gab es oft auch andere Sachen,
da war es weniger zum Lachen:

Wenn jemand letztes Stündlein kam,
er von der Erde Abschied nahm,
das ging uns doch auch aufs Gemüt,
da wird man niemals abgebrüht.

Es gab jedoch auch schöne Stunden,
hat die Bedrückung man verwunden.
Und richtig glücklich war man dann,
kam ein kleines Baby an.

So könnte man noch lang berichten,
es gibt so vielerlei Geschichten,
die man als Schwester hat erlebt,
doch Schluß für heut, die Gläser hebt.

Hans und Luise ein Ehepaar
sie waren verheiratet schon viele Jahr
bei beiden wurden die Haare schon grau
durch das Auf und Ab in der Ehe wurden sie schlau.

Jeden Morgen wachten sie dankbar und zufrieden auf,
nahmen die Fehler des Anderen geduldig in Kauf.
Hans hatte letzten Monat seine erste Rente bekommen,
er prüfte sie zweimal und war etwas beklommen.

Es war viel weniger, als was er gedacht,
drum hat er sich darüber Gedanken gemacht.
Doch Luise seine Frau,
die kannte ihn doch ganz genau.

Sie mußte ihn auf andere Gedanken bringen,
mit etwas Schlauheit und  Liebe konnt es gelingen.
„Weißt du" sagt sie, „das bring ich schon hin,
mir kommt eine Lösung in den Sinn.

Zwar fehlt dir die Arbeit in dem Büro,
doch über deine Hilfe im Haushalt wäre ich froh.
Ich dacht', für ein Jahr könntest du es versuchen,
aus Spaß könntest du jede Hilfe verbuchen.

Ich mach es genauso, das wird uns gelingen,
und dich auf andere Gedanken bringen.
Am Ende des Jahres wollen wir dann vergleichen,
wenn es klappt, könnt der Gewinn für einen Urlaub reichen".

Er war's zufrieden und hat es versucht,
und schmunzelnd jede Arbeit verbucht.
Am Ende des Jahres wurde die Rechnung verglichen,
über das Ergebnis waren sie hingerissen.

Was bei ihm alles in Cent und Euro geschrieben,
bei ihr sind die Worte ihm weggeblieben.
Was ich für dich tat, war aus reiner Liebe
und das unser Verstehen immer so bliebe.

Der Urlaub, der wurde trotzdem gemacht,
und über den Spaß mit dem Aufschreiben gelacht.
Er war nicht mehr beklommen, seine Frau fand er groß,
denn mit ihr zog er vor Jahren das richtige Los.

Eilig fuhr ein junger Mann
dahin wo man tanken kann.
Doch es wurd' ihm richtig bange,
sah er diese Warteschlange,
wo's Normal und Super gab.

Schließlich drehte er kurz ab,
denn er hatte keine Zeit,
musste viel besorgen heut.
Fuhr so schnell dann wie ein Wiesel
und hielt vor der Säule mit Diesel.

Da war er als erster dran,
das wird auch gehen, dachte der Mann.
Mit zufriedenem Geschnauf
füllte er den Tank nun auf.

Setzt sich eilig hinters Steuer,
doch es war ihm nicht geheuer,
als nach 20 Metern dann
der Motor fing zu plubbern an.
Und nach einem kurzen Schnauf
gab er seinen Geist dann auf.

Da war ratlos der eilige Mann,
hier musste eben ein Fachmann dran.
Vorbei war es nun mit der Eile,
zerlegt der Motor in sämtliche Teile.

Man musste ihn gründlich sauber machen,
dem jungen Mann war's nicht zum Lachen.
Die Schlange war schon lange weg,
der Mann stand noch immer im Dreck.

Drum merke, wer nicht geduldig warten kann,
dem geht's genau wie dem jungen Mann.

Mit des Kindes erstem Schrei
fängt sie an die Rennerei,
die auf Erden jeder kennt,
keiner merkt mehr, das er rennt.

Auf dem Amt wird registriert,
was seit heute existiert.
Weiter geht's mit schnellen Schritten,
denn man muss Verwandte bitten
zu erscheinen bei der Tauf
weiter geht's im Lebenslauf.

Bald schon fängt der kleine Mann
mit den ersten Schritten an.
Und eh man sich's versah,
war der Schulbeginn schon da.

Dann fängt er selber an zu treiben,
lange will er nicht klein bleiben.
Erst die Schulzeit, dann die Lehr',
dann der Dienst beim Militär.

Und eh man sich's recht besann,
ward aus dem Kind ein großer Mann.
Plötzlich fängt der große Mann
langsam mit dem Bremsen an,
denn zu schnell verrinnt die Zeit,
hin in Richtung Ewigkeit.

Doch verhält er auch den Schritt,
es läuft die Zeit und er muß mit.
Ehe, Kinder, wie es Brauch,
doch vergeht es wie ein Hauch.

Der Leib vergeht schnell in der Grube,
die Seele kommt in Gottes Stube,
die sich nennt die Ewigkeit,
ja großer Mann, dann hast du Zeit.

Die Kompanie ist angetreten,
der Spieß hatte darum gebeten,
ich glaube mehr aus privaten Sachen,
sonst würde er es nicht so freundlich machen.

Das Bitten kam so selten vor,
„Alle Schneider", sagte er, „treten bitte vor".
Einige traten aus dem Glied
erstaunt und sprachlos, was jetzt geschieht.

Ein Spieß ist sonst nicht so galant
sonst brüllt er sie an, das ist ja bekannt.
Er betrachtete skeptisch jeden Mann,
zur Prüfung kommt jeder, nun zeigt, was er kann.

Jetzt ging's ab in die Kleiderkammer,
nur einer blieb da, das war der Hammer.
„Was ist, woll'n sie extra gebeten sein"?
„Gewiß nicht", sagt er, „ich sage nicht nein,
ich bin ja kein Schneider, ich heiße nur so"
Der Spieß ist heut friedlich und sagt nur „soso".
Denn an so viel Einfalt hat er nicht gedacht
und er merkt, dass er selbst einen Fehler gemacht.
Hätt' er gesagt, wer Schneider ist, wärs anders gelaufen,
darüber amüsiert sich im Stillen der Haufen.

Im Leben kann so ein Irrtum öfter geschehen
passiert es uns selbst, kann man's oft nicht verstehen.
Man kennt nur den Namen, doch was wirklich dahinter steckt
hat man selten auf Anhieb entdeckt.

Die Rentner, sagt man, haben niemals Zeit,
sie tun mir manchmal richtig leid.
Sie wollen nicht zeigen, dass sie schon betagt
und dass sie jetzt öfter das Zipperlein plagt.

Doch Opa ist anders, er kennt seine Grenzen
warum sollt' er mit Erfolgen jetzt noch glänzen.
Er denkt, es ist doch keine Frage,
der Herbst des Alters hat doch auch schöne Tage.

Und an die Jahre denkt er gerne zurück
sie waren oft stürmisch, doch auch stilles Glück
mit der Frau und den Kindern gemütliche Stunden,
es konnte besser nicht sein, hat er gefunden.

Die schönste Erinnerung war jedoch die Zeit,
als er um seine Frau gefreit.
Sei lernten sich kennen im Zoo an der Kasse,
er dachte bei sich, das Mädchen ist Klasse.

Er schmunzelt, noch heute denkt er daran zurück
es war ja auch Liebe auf den ersten Blick.
Von den Tieren im Zoo haben sie nichts gesehen,
sie sahen nur sich, das kann man verstehen.
Denn Liebe macht blind für andere Sachen,
diese Erfahrung werden alle Verliebten machen.

Sag das soll nun ein Winter sein,
nur Regenwetter und nicht schnei'n.
Die Kinder jammern Ach und Weh,
warum fällt dieses Jahr kein Schnee.

Ja, könnten sie das Wetter machen,
da hätten wir auch nichts zu Lachen.
Der eine möchte Schnee jetzt haben,
der andere an der Sonn sich laben.

Den Dritten wieder treibt's hinaus,
bei Sonne, Wind und Sturmgebraus.
Im Frühling baden in dem See,
und schon im Herbst den ersten Schnee.

So fällt wohl jedem etwas ein,
doch glücklich würde keiner sein.
Drum nehmen wir es mit Humor,
dann kommt uns alles leichter vor.

Wer weiß, vielleicht hat diese Nacht
uns eine Menge Schnee gebracht.

Es war einst ein Bauer vom alten Schlag
nach langer Krankheit im Sterben er lag.
Sechs Söhne warten auf seinen Segen,
da ließ er sechs Stöcke in die Hände sich legen.

Er gab jedem Sohn einen und sprach:
„Nun biegt sie ein" und der Stock brach.
Dann nahm er von neuem sechs Stöcke zur Hand
und wickelt sie fest mit einem Band.

„Nun versucht es",sprach er, „zeigt eure Kraft",
doch keiner der Söhne hat es geschafft.
Das war nur ein Beispiel, das Weisheit verbarg,
allein ist man hilflos, vereint ist man stark.

Sie haben's versprochen und auch so gemacht,
das hat ihnen im Leben viel Segen gebracht.

Der Vetter Max verdrießlich schaut,
fühlt sich nicht wohl in seiner Haut,
in seinem Land ihm nichts mehr passt,
er findet alles nur als Last.

Wie schön ist's doch im Nachbarland,
was er als Kind schon damals fand.
Gedacht, getan, da zieh ich hin,
dort geht's mir gut, das bringt Gewinn.

Zwar gibt es viele Lauferein,
das macht ja nichts, es muß wohl sein.
Und endlich geht die Reise los,
er ist in Stimmung, fühlt sich groß
doch leider hat er nicht bedacht,
das dieser Wechsel Kosten macht.

Nun ist er am ersehnten Ziel,
vom Baren hat er nicht mehr viel,
nun muss am schnellsten Arbeit her,
im fremden Land ist's etwas schwer.

Da gibt es Rat in seiner Not
wir sammeln einfach Johannisbrot.
Der Einfall war gut, das konnte man seh'n,
am Abend hatte er sieben Säcke voll steh'n.

Er packte sie ans Haus, so richtig voll Stolz
wie hier unsre Bauern für den Winter das Holz.
Am andern Morgen will die Säck' er verkaufen,
doch so sehr er auch sucht, er findet keinen Haufen.

In der Nacht waren Diebe, es konnte nicht anders sein,
er fand es recht mies, so richtig gemein.
Diebe gibt es überall und sogar in Portugal.

Diese Erfahrung und andre dazu
lernte unser Max im Nu.
Er stellte es fest in ein paar Wochen,
das sie auch hier nur mit Wasser kochen.

Wie schön ist's, kommt Besuch ins Haus,
da sieht der Tag gleich anders aus.
Man freut sich, es wird viel gelacht
und das Neueste zum Erzählen mitgebracht.

In jedem Dorf, wär es noch so klein,
da ist man niemals ganz allein.
Was die Nachbarn kochen und braten,
da braucht man gar nicht lang zu fragen.

Denn die Nachricht macht die Runde,
und ist auch bald in aller Munde.
So oft Braten, wo sie doch sonst so sparen.

Man wird es ja bald erfahren
von Frau Meier, die es immer berichtet,
oft hat sie auch etwas dazu gedichtet.
Doch heute ist sie nicht interessiert,
denn etwas anderes ist passiert.

Denkt euch, in dem Kirchenleben
soll es etwas Neues geben.
Ein neuer Pfarrer fängt hier an,
er ist ein ziemlich junger Mann.

Naja, wir werden es ja seh'n,
am Sonntag wollen wir alle geh'n.
Die Kirche war darauf ganz voll,
ganz vorne da saß die Witwe Boll.

Sie hat den Pfarrer wohl gestört,
bei jedem Wort, das sie von ihm hört
hat sie dazu genickt
und ihn erwartungsvoll angeblickt.

Zum Schluss, gleich nach dem Beten
ist der Pfarrer zu ihr getreten.

„Eine Frage, liebe Frau, antworten sie mir bitte ganz genau:
Sprach ich von Gott, so nickten sie, wie's sich gehört,
sprach ich vom Teufel, nickten sie auch
und das hat mich gestört".

Sie sagt: „Mit Vorsicht habe ich's bedacht,
wer weiß, wer am Ende den Sieger macht".

Bist Du auch alt an Jahren
kannst Du Dir doch bewahren
die Jugendfrische in dem Geist,
was die Erfahrung auch beweist.

Mit Rätseln, Lesen, Sprachgebrauch,
behältst Du das Erstrebte auch
Du musst nicht gleich verzagen,
kannst ruhig etwas wagen,
sei endlich etwas dreister
denn Übung macht den Meister.

Das sagte meine Tochter mir,
und warum nicht, ich folgte ihr.
Nun übe ich sehr fleißig
und fühl' mich fast wie dreißig.

Wenn ich das Leben so gestalte
und auch das Tempo beibehalte
werd' ich bestimmt in ein paar Jahren
im Kinderwagen spazieren gefahren.

Das Ganze ist so eine Sache
über die ich mir Gedanken mache,
drum habe ich seit ein paar Wochen
diese Kur schnell abgebrochen
und lebe so wie früher auch
nach alter Sitte, altem Brauch.

Sollte ich deshalb früher sterben
ja dann sagen meine Erben
Oma Du hast's recht gemacht
du hast dabei auch an uns gedacht.

Elfriede und Fritz waren ein glückliches Paar
das hielt auch an so manches Jahr.
Doch im siebten Jahr, da war es zu seh'n,
konnten sie sich nicht mehr so recht versteh'n.

Der Fritz ging jetzt öfter alleine aus
und ließ Elfriede bei der Arbeit zuhaus.
Zuerst hat sie sich nichts dabei gedacht,
sie konnt's verstehen wenn er Überstunden macht.

Doch dabei blieb es nicht allein,
er ging in einen Kegelverein.
Auch Skatspielen gehört sich für einen richtigen Mann
und damit fing die Misere an.

Als er dann nicht an ihren Geburtstag gedacht,
da ist Elfriede aufgewacht.
Es gab daheim einen richtigen Streit,
das ewige Warten hatte sie leid.

Die Mutter, der sie es erzählte, wusste ihr Rat,
sie musste erst lachen, dann schritt sie zur Tat.
Kam Fritz jetzt vom Kegeln, war sie nicht zuhaus,
sie machte sich schön, ging alleine dann aus.

Das ging eine Weile, den Fritz hat's erschreckt,
das Haus so verlassen, kein Tisch war gedeckt.
Jetzt wollte er sehen, was Elfriede so trieb
und warum sie nicht zuhause blieb.

Statt zum Kegeln zu gehen, hat er sich versteckt
und war ganz sprachlos, als er Elfriede entdeckt.
Sie ging spazieren, schön gerichtet, ganz schick.
Was soll denn das heißen, hat sie einen Tick?

Jeder Mann, der sie sah, dreht sich nach ihr um,
das war dem Fritz dann doch zu dumm.
Er drehte sich um, ging ganz still nach Haus,
von Stund an war das Kegeln und Skatspielen aus.

Er sagte ihr nicht, das er sie geseh'n,
ganz langsam konnten sie sich wieder versteh'n.
Das blieb auch so, bis nach vielen Jahren,
hat Fritz dann durch Zufall erfahren,
was beim Spazierengeh'n
mit den Männern ist geschehen:
und Fritz kam aus dem Staunen nicht heraus,
denn jedem Mann steckte Elfriede die Zunge raus.

Zwei mal siebenundvierzig, das sind zwei Leben,
bei beiden hast du das Beste gegeben.
Du pfiffst bei der Arbeit, nicht jeder das kann,
du warst steht' fleißig und stand's deinen Mann.

Leider war ich bei dir nur kurze Zeit,
aber meine Mutter bleibst du in Ewigkeit.
Nun wünsch' zum Geburtstag ich dir viel Freude
mit Kindern und Enkeln und allerlei Leute.

Bleib gesund, in Gedanken reich' ich dir die Hand.
Es grüßt dich deine Ida aus dem Schwabenland.

Unser Haus ist groß gebaut
die Wohnungen sehr klein
weil keiner nach dem Nachbarn schaut,
ist man da sehr allein.

Da weiß man nicht, wer oben wohnt,
wer in der Mitt', wer unten.
Da hab' ich, macht ich's auch gekonnt,
keinen Kontakt gefunden.

Bis auf die Nacht,
ich werde sie wohl nicht so leicht vergessen,
wer fürchtet sich vor'm schwarzen Mann,
war es für mich gewesen.
An einem Abend ging ich aus, nur einmal um die Rund,
vor'm Schlafengehn, so sagt man doch,
ist das auch sehr gesund.

Sehr dunkel war's, mir war nicht bang,
konnt ich auch nicht viel seh'n,
doch plötzlich hört' ich hinter mir noch andre Schritte geh'n.
Ich achtete erst nicht darauf und ging ganz langsam weiter,
doch ging ich schnell, tat er es auch,
das war dann nicht mehr heiter.

Nun endlich war ich dann zu Haus
und holt den Haustürschlüssel raus,
eh ich die Tür aufmachte,
stand da ein Mann und lachte.

Nur keine Angst, ich wohn auch hier
bei Ihnen, sogar Tür an Tür.
Wenn wir uns jetzt mal sehen,
bleiben wir zum Schwatz oft stehen.

So hat trotz Angst mir diese Nacht
ne gute Nachbarschaft gebracht.

Wenn jemand eine Reise tut, dann kann er was berichten,
bei manchen aber braucht man Mut
wie hier bei den Geschichten.
Doch eine nur, die hatte mir besonders gut gefallen,
ich denke auch, sie war für mich die Wichtigste von allen.
Ein Kind versteht noch nichts von Mut
von der Erwachsnen Sorgen.
Es weiß, nun ist mein Vater hier,
dann fühl ich mich geborgen.

Sein Vater, der ist Kapitän auf einem Schiff ganz groß,
zum ersten Male durft' er mit, na da war etwas los.
Bis jetzt ging alles wunderbar, man konnt' die Reis genießen,
aber das es auch ganz anders kommt,

das sei hiermit bewiesen.

Das Wetter hat sich umgestellt, wo ist die Sonn geblieben
und alle Gäste sammeln sich mit allen ihren Lieben.
Das Meer bleibt nicht mehr still und zeigte seine Mucken,
bei jeder dieser Riesenwelle
sah man sie sich ängstlich ducken.
Jedoch dem kleinen Käsehoch,
dem macht das Wetter garnichts aus,
und mit ganz ruhigem Gesicht packt er sein Spielzeug aus.
Als man ihn fragt, da sagt er, ich kann euch nicht verstehen,
wenn mein Vater hier am Steuer steht,
was soll denn da geschehen?

Sein Vater hat es ihn gelehrt, gab Mut ihm und Vertrauen
auf seinem fernern Lebensweg kann er nun auf ihn bauen.

Auf meinem Briefkasten stand zwar mein Name,
doch darin war wieder nur Reklame.
Über Reisen in alle Welt,
aber dafür hatte ich kein Geld.

Doch anseh'n konnt' ich es, warum nicht,
über Venedig gab es einen Bericht.
Ach Venedig, das war weit
ich war schon dort vor langer Zeit.

Mein erster Flug ein Abenteuer,
was ich dort erlebte war ungeheuer.
Der Markusplatz, die Gondeln, man kann nicht alle schildern.
An vielen Brücken, die vielen Maler mit ihren Bildern.
Ein Bild war dabei etwas versteckt,
und ich hatte darauf einen Fehler entdeckt.

Da war eine Kirche gemalt, wunderschön,
doch eine Tür ohne Klinke konnte man seh'n.
Ich zeigte es dem Maler, der sprach deutsch mit mir.
„Ja" sagte er, „das ist eine besondere Tür.

Die Klinke ist innen nicht jeder kann rein,
wie bei unseren Herzen, er lächelte fein."
Ich konnt' es nicht verstehen, hab viel nachgedacht,
ein Gottesdienst, viel später, hat die Lösung gebracht.

Der Bauer Ohme kam vom Markt mit seinem Gespann
da sah er vor sich einen Mann.
Der war schon älter, hatte nicht mehr viel Kraft,
bis zum nächsten Ort hätte er es sicher nicht mehr geschafft.

Bauer Ohme war ein freundlicher Mann
und er hielt sogleich seine Pferde an,
„Sie sind sicher müde, ich nehme sie mit,
beim Wagen hinten ist ein Tritt.
Steigen sie da nur auf, der Wagen ist leer.
Das wird Ihnen gefallen, sie kommen sicher von weit her".

Der Mann bedankt sich und steigt froh auf,
Schon geht es weiter im schnellen Lauf.
Er macht nicht viel Worte, ist ein stiller Gast,
Auf dem Rücken trägt er eine schwere Last.

Verwundert fragt der Bauer:
„Warum wollen sie das auf dem Rücken noch tragen?"
Der Gast sagt: „Noch mehr belasten wollt'
nicht ihren Wagen".
Der Bauer schmunzelt, er kann's nicht verstehen,
weshalb umständlich, wenn es leichter kann gehen.

Sehr viele Jahre der Heimat fern,
sie kam dir fast vor, wie ein fremder Stern
Doch dann kam die Nachricht, du könntest jetzt fahren,
dass war eine Freude nach all den Jahren.

Doch alles war anders, alles so fremd,
nur fordernde Hände und man war gehemmt.
Sag, wird ein Mensch nur nach Reichtum gemessen,
ist alles andre, was bindet, vergessen?

Die Träume, die sehnsüchtig in dir lagen,
hast du ganz ruhig zu Grabe getragen.
Dies sollte dich lehren, bei vielen Dingen
sollte man der Erinnerung Opfer bringen.

Behalt sie, ob schön oder traurig sie waren,
Erinnerung mildert in vielen Jahren.
Das Schöne wird schöner, was traurig verblasst
so lange, bis du das Schöne nur hast.

Begnüge dich deshalb, lass sein wie es mag,
zerstörten Träumen trauert lange man nach.

Das Gegenteil von Wahrheit ist die Lüge,
viele setzen „Not" davor, man kennt es zu Genüge.
Ob man nun das eine oder das andere sagt,
für beide ist's nicht gut, fürs Vertrauen gewagt.

Vielleicht will man sogar einen Menschen schonen,
doch es nicht gut und wird sich nicht lohnen.
Man kennt ja den Spruch mit den kurzen Beinen,
nach einer Gutmeinung will's dann nicht mehr scheinen.

Die Wahrheit kann manchmal recht schmerzlich sein,
doch sagt man's behutsam, dann sieht man's auch ein.
Nicht alles ist gut, was das Leben uns bringt,
mit Verständnis und Mut uns vieles gelingt.

Alle Menschen und Freunde, mit denen wir leben,
werden dann mit der Zeit ihr Vertrauen uns geben.
Drum sag' stets die Wahrheit, so schwer es auch ist,
denn eine Lüge man nicht schnell vergisst.

Danksagung

Hier möchte ich mich bei Allen bedanken, die mich unterstützt haben und mir den Rücken gestärkt haben.
Ganz besonders bei meinem Partner Werner Ulrich.

Mach's gut, egal wo Du bist!